深阅读

趣读
品读经典
乐在其中

U0643583

古诗新读 四

黄鹂

飞过

红蔷薇

邱易东 编著

罗 娟 评析

济南出版社

图书在版编目（CIP）数据

古诗新读.四，黄鹂飞过红蔷薇 / 邱易东编著；罗娟评析. —— 济南：济南出版社，2024.7. —— ISBN 978-7-5488-6509-4

Ⅰ. G624.203

中国国家版本馆 CIP 数据核字第 2024G6C492 号

古诗新读（四）：黄鹂飞过红蔷薇
GUSHI XINDU SI HUANGLI FEIGUO HONG QIANGWEI
邱易东 / 编著　罗娟 / 评析

出　版　人　谢金岭
选题策划　孙昌海
出版统筹　秦　天
责任编辑　张若薇
装帧设计　胡大伟

本书图画辅导老师
成都市武侯区教科院附属小学美术组：
杨瑞雪　屈　艺　廖小荣　张玉佳　杨镘玉
电子科技大学实验中学附属小学美术组：
胡功敏　陈　夜　徐　清　崔　竹　梁忆雪　张　琴　尹银银

出版发行　济南出版社
地　　　址　山东省济南市二环南路 1 号（250002）
总　编　室　0531-86131715
印　　　刷　山东联志智能印刷有限公司
版　　　次　2024 年 7 月第 1 版
印　　　次　2024 年 7 月第 1 次印刷
开　　　本　145mm×210mm 32 开
印　　　张　5
字　　　数　88 千字
书　　　号　ISBN 978-7-5488-6509-4
定　　　价　28.00 元

如有印装质量问题 请与出版社出版部联系调换
电话：0531-86131736

寻找古诗里的一千个哈姆雷特
——《古诗新读》导读

问：《古诗新读》真是一本可爱的书，值得反复阅读和品味。您能讲讲编写这本书的想法和思考吗？

答： 读古诗无趣、背古诗困难，是令一些孩子头疼的事情。我们希望做一次有意义的尝试，让古诗阅读轻松、有趣。引导孩子探究古诗画面，感受情境，接受诗人的感情冲击，获得审美熏陶，有效的路径，就是还原诗人从感受到表达的过程，激发孩子参与诗的创造。

问： 文学具有天然的感染力，可是有的孩子为什么会感到读古诗无趣、背古诗困难呢？

答： 这些孩子不喜欢读古诗，因为读不懂。诗人写诗不是为了读不懂，哪怕是古人的诗，也不会是现代人的天书。咬文嚼字固然重要，但咬文嚼字只能弄懂词句，无法融入古诗的意境，更无法感受诗人的情感。没有感动，就不会有记忆。记不住，背不了，就不能获得诗意的熏陶。

问：古人的感受和我们有什么不同？怎样与古代诗人产生情感共鸣？

答：用心读出画面，获得"不思而得"的阅读效果，共鸣就会自然产生。人的喜怒哀乐是永恒的，感受却随着时空的变化而常新。古人的感受和我们没有什么两样，区别只在于时间和空间的不同。同样的感受，时间与空间不同，表达的感情也就千变万化、独一无二。这就是诗的奥秘。

问：《古诗新读》怎样以独特的视角复活了古诗的生命？

答：只需要尽力与诗人感同身受，获得真实的感受。在真实的情境中，探究诗人为什么写、怎么写、怎么写好。有了这样的阅读，形象和画面自然就鲜活了。比如在新读《咏鹅》时，我们探究真实的情境——在鸡犬相闻的村庄，水池映着蓝天白云，鹅在水中引吭高歌。回归生活的真实，鹅在画面中也就有了真实、生动的生命。

问：读古诗为什么不能让孩子随意发挥想象？

答：一些古诗的配图，山是山，树是树，人物也只是人物；一些人读古诗，随意想象画面——比如读王维的《少年行》，有一个小孩想象的是，姐姐骑在马上，妹妹在后面策马追赶，大叫："姐姐等我……"两种方式都不可取。前者实，没有把感受引入想象空间，不能获得诗意；后者虚浮，离题万里。读古诗必须建立在诗人真情实感的形象和画面的基础上，产生共鸣，才能获得诗的审美想象。一千个哈姆雷特，必须是那一个哈姆雷特引发的。

问： **怎样把古诗与新读互相映衬，进行交汇阅读，获得思维空间的扩展？**

答： 古诗受音韵和格律的限制，往往用简洁的文字表达丰富的情感。我们需要在原本的情境中，去探究诗人写了什么、为什么写、怎样写，找到让人感动的"源头"，即诗人的情感怎样用形象和画面表达，获得"不思而得"的本真感受。在新读中获得印证，然后对照新读，体会怎样用语言文字生动地表达诗人的情感，怎样获得生动的画面。

问： **《古诗新读》里孩子的画，与古诗、与新读形成了相得益彰的审美效果。孩子们是怎么画出来的呢？**

答： 孩子是天才画家，或者诗人。把书稿交给孩子，无需做任何"辅导"，他们就能自由发挥。孩子说，从古诗到新读，改变了自己读古诗的思维模式，把读到的形象组合成画面，就能轻松画下来。这个过程，孩子获得了快乐。古诗的表达，新读的诠释，画面的呈现，融合成一个完整的审美过程，互相辉映，以各自不同的美，感染读者，获得真正的阅读效果。

问： **有许多语文老师在课堂上用起《古诗新读》了。您能不能介绍一下，他们是怎么给孩子上古诗课的？**

答： 语文课堂的主要任务是让孩子读懂古诗，完成课后作业，新读则起到辅助、加强阅读效果的作用，让学生进一步理解古诗的意境，完成古诗的审美过程。比如，一位语文老师讲《夜宿山寺》，对于诗意的理解，重在诗人表现的身在其中的感受。授课老师把古诗的简洁明了、产生的想象空间，与新读的情景交融相结合，引导孩子获得了真切的感受，教学效果让大家叹服。

自然，无论是孩子自主阅读，父母与孩子进行亲子阅读，还是语文老师的古诗教学，《古诗新读》都将带去全新的阅读审美体验，激发孩子的情感，让孩子与古诗共鸣，爱上古诗，让古诗成为成长的养分。

目　录

渔歌子 【唐】张志和

题 解 暮春时节，诗人与友人水边宴饮，即兴而作。

> 西塞山前白鹭飞，
> 桃花流水鳜鱼肥。
> 青箬笠，绿蓑衣，
> 斜风细雨不须归。

注 释 渔歌子：词牌名。白鹭：一种白色的水鸟。桃花流水：桃花盛开的季节正是春水盛涨的时候，这段时间俗称桃花汛或桃花水。箬笠：读ruò lì，用竹篾、箬叶编的斗笠。蓑衣：用草或棕麻编织的披在身上的防雨物件；蓑，读suō。

斜风细雨不须归 / 孙子墨

新 读 映在水里的西塞山，白鹭飞来了。
桃花片片水上漂，鳜鱼水中回旋。
河中钓鱼人，披着蓑衣戴着斗笠，
风吹雨蒙蒙，依然静坐在船舷边。

《渔歌子》简洁明快、色彩鲜明，读后让人久久沉浸在青山绿水、斜风细雨的画面中。作者在雨中青山、江上渔舟、天空白鹭、两岸红桃中，寄托自己爱自由、爱自然的情怀。

浪淘沙（其一） 【唐】刘禹锡

题解 诗人借用牛郎织女的典故，描写黄河奔流的气势，抒情达意。

九曲黄河万里沙，
浪淘风簸自天涯。
如今直上银河去，
同到牵牛织女家。

注释 浪淘沙：唐代曲名。万里沙：黄河在流经各地时挟带大量泥沙。簸：颠簸。自天涯：来自天边。牵牛织女：银河系的两个星座名。牵牛星，也叫牛郎星。在神话中，织女为天上仙女，下凡到人间，和牛郎结为夫妇。后西王母召回织女，牛郎追上天，西王母罚他们隔银河相望，只准每年农历七月初七的夜晚相会一次。

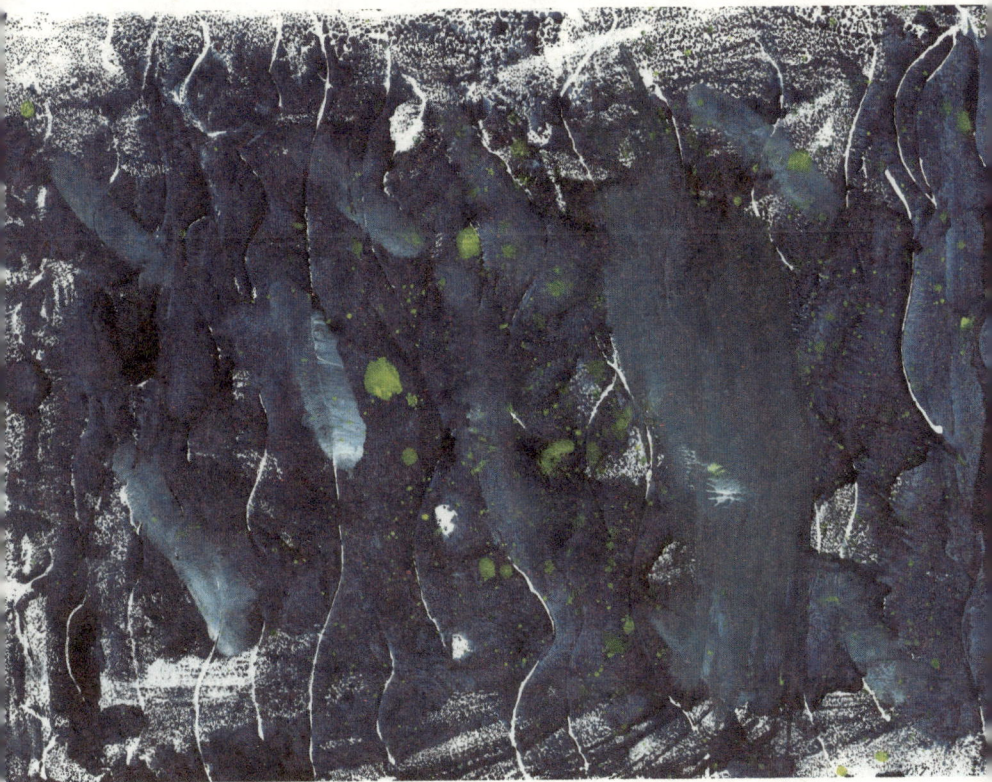

九曲黄河万里沙 / 彭曦乐

新 读 蜿蜒曲折夹带泥沙滚滚滔滔，

风卷浪簸啊黄河之水天上来。

溯流而上，直达浩瀚银河岸，

去探访牛郎织女那幸福的家！

诗人借用牛郎织女的典故，驰骋想象，描绘黄河泥沙翻涌、风浪滚动、充满艰险的情景，忍不住发出感慨：如能逆流而上，探究源头，又能看到另一番风景。诗歌气势豪放，情感强烈。

忆江南（其一） 【唐】白居易

题解 词人晚年定居洛阳，因怀念江南风物，写下三首《忆江南》。

江南好，风景旧曾谙。

日出江花红胜火，

春来江水绿如蓝。

能不忆江南？

注释 忆江南：唐教坊曲名，至晚唐、五代成为词牌名。这里所指的江南主要是长江下游的江浙一带。谙：读ān，熟悉。江花：江边的花朵。胜：胜过。如：于，有胜过的意思。蓝：蓝草，其叶可制青绿染料。

春来江水绿如蓝 / 陈鹏宇

新 读 别向我夸耀江南风光有多好，

那里的风景我都熟悉。

记得太阳升起，两岸鲜花，一片辉煌。

春天来了，茫茫的江水像蓝色的绸缎。

——我怎么能够忘记！

词人言简意赅，用鲜明的色彩描绘江南风光，让读者清晰地看到五彩斑斓的春天。开篇点明主题，表达对江南美景的喜爱，感情直接而真挚，结尾以反问强化语气，使词作充满张力。

采莲子（其一）【唐】皇甫松

题 解 诗人描绘采莲女的活泼情态，反映江南民间
风俗。

> 菡萏香连十顷陂，
> 小姑贪戏采莲迟。
> 晚来弄水船头湿，
> 更脱红裙裹鸭儿。

注 释 菡萏：读 hàn dàn，荷花。十顷：表示宽广。陂：
池塘。戏：玩。迟：慢。

菡萏香连十顷陂 / 叶子涵

新 读 荷花香与笑声飘满浩渺湖面，
小女孩贪恋玩耍忘记采莲了。
水仗打得欢，船头落满水珠，
脱下红裙，包住水中小黄鸭。

女孩们在一望无垠的荷塘中采莲，诗人捕捉人物的神态、动作，惟妙惟肖地刻画女孩们生动活泼、天真可爱的形象，展现了江南水乡的风土人情。

采莲子（其二） 【唐】皇甫松

题 解 这首诗为我们描绘了江南水乡的风物人情，
富有民歌风味。

> 船动湖光滟滟秋，
> 贪看年少信船流。
> 无端隔水抛莲子，
> 遥被人知半日羞。

注 释 滟滟：水面闪光的样子。贪看：不知满足地看。
信：任随。无端：没有缘由。遥：远远地。

船动湖光滟滟秋 / 陈蓓蓓

新 读 水波轻轻荡漾，船儿慢慢在摇晃，
看那边玩得热闹，任随笑声飘摇。
我悄悄扔颗莲子，想去凑个热闹，
却怕被人看见，羞得脸红又心跳。

诗人通过描写采莲女的眼神、动作和一系列内心独白，表现她娇羞的情态。诗歌清新爽朗，自然朴实，别有情趣和韵味。

南乡子（其二） 【五代】欧阳炯

题 解 作者行船游玩，所见所闻欢快和谐，写词
记之。

　　画舸停桡，槿花篱外竹横桥。水
上游人沙上女，回顾，笑指芭蕉林里住。

注 释 南乡子：词牌名。画舸：彩饰的小船。桡：读
ráo，船桨。沙上女：沙滩上的女孩子。

槿花篱外竹横桥 / 唐梓芸

新 读 我停下船桨，一个好美的地方，
槿篱缀满花朵，竹桥横在水上。
女孩在沙滩玩耍，小船随波漂浮。
问她家在哪？回头笑一笑——
一片芭蕉如绿云，我家就在云中住！

这首词言简意赅，勾勒了一幅水乡风光小品——
木槿花篱笆、小桥、沙滩上玩耍的女孩以及芭
蕉林掩映下的村庄。风格清新婉丽，情感充沛，
富有意趣。

浣溪沙　【五代】佚名

题　解　这是一首敦煌曲子词，流行于民间。这首写
乘船的所见所感。

五两竿头风欲平，长风举棹觉船
轻。柔橹不施停却棹，是船行。
满眼风波多闪烁，看山恰似走来
迎。仔细看山山不动，是船行。

注　释　五两：把鸡毛系于高竿顶端，用于测风向、风
力，有五两重。棹：读 zhào，船桨。

长风举棹觉船行 / 张沁妍

新 读 长竿顶端的鸡毛，像是要停止飘动，
迎面吹来一阵风，船儿行驶更轻松。
让我缓缓地摇着橹桨，甚至停下来，
才知道是风推着船，在水面上向前。
风在呼呼吹，水声淙淙，波光粼粼！
两岸的青山，一座座走来迎接我们。
等我仔细看看，它们仍然一动不动，
原来，还是船在水面，轻快地前行。

词人描写一次行船的情景，让我们也像在船上游历——风向标怎样飘动，怎样乘风摇橹，两岸青山怎样缓缓迎来……动静结合的手法，增强了作品的艺术感染力。

蝴蝶儿 【五代】张泌

题 解 词人在描绘女子学画蝴蝶的过程中，展现了
她的情感变化。

> 蝴蝶儿，晚春时。阿娇初着淡黄衣，
> 倚窗学画伊。
>
> 还似花间见，双双对对飞。无端
> 和泪拭胭脂，惹教双翅垂。

注 释 初着：刚刚穿上。伊：你，指蝴蝶。无端：无
缘无故。拭：擦。胭脂：腮红。惹教：惹得。

无端和泪拭胭脂，惹教双翅垂 / 刘诗语

新 读 黄蝴蝶啊黄蝴蝶，飞在暮春的花丛里。

我穿着黄色的裙衣，在窗口学着画你。

一只只蝴蝶，在快要凋零的花间飞舞，

黯然神伤，一滴泪打湿了画上的翅膀。

《蝴蝶儿》抒写女子在春天睹物伤情。作者把情感蕴含在抒情的表达中，用画面传递情感，感情细腻，生动感人。

破阵子·春景 【宋】晏殊

题解 古代，女子可在社日斗草、踏青、荡秋千，作者捕捉这些片段，填词展示少女的青春活力。

燕子来时新社，梨花落后清明。
池上碧苔三四点，叶底黄鹂一两声，
日长飞絮轻。

巧笑东邻女伴，采桑径里逢迎。
疑怪昨宵春梦好，元是今朝斗草赢，
笑从双脸生。

注释 破阵子：词牌名。新社：社日是古代祭土地神的日子，以祈求丰收，有春秋两社；新社即春社，时间在立春后、清明前。逢迎：相逢。疑怪：怪不得。斗草：古代一种游戏。

巧笑东邻女伴，采桑径里逢迎 / 蒋昕妍

新 读 燕子飞来喳喳叫，春社一片繁忙。

梨花落地似飘雪，脚印踩满梨花香。

水池波光粼粼，缕缕苔草水上漂。

风吹山谷泛新绿，黄鹂林中啾啾叫。

漫长的白天啊，柳絮整日飞扬。

春光好，去采桑，小路上只见女孩在嬉闹。

今天斗草回回赢，原是昨夜做梦好——

好运挂在脸颊上，你看我的笑！

作者描绘乡村春日祭祀活动的生动情景，表达
对美好事物的向往和追求。词的上半部分语言
优美，描写细致，画面中洋溢着春天和节日的
喜悦。下半部分，作者集中笔力刻画女孩采桑、
嬉戏时的欢乐，人物形象鲜活。

浣溪沙 【宋】苏轼

题 解 早春三月，词人游蕲水清泉寺，抒发自己乐
观的人生态度。

游蕲水清泉寺，寺临兰溪，溪水西流。

山下兰芽短浸溪，松间沙路净无泥。
萧萧暮雨子规啼。

谁道人生无再少？门前流水尚能西！
休将白发唱黄鸡。

注 释 蕲水：今湖北浠水一带。萧萧：形容雨声。子
规：又叫杜鹃，有时鸣叫昼夜不止，听来哀切，
好像盼子回归。无再少：不能再回到少年时代。
白发：比喻老去。唱黄鸡：语出白居易"黄鸡
催晓丑时鸣"，比喻时光流逝。

休将白发唱黄鸡 / 朱芮琳

新 读 去蕲水的清泉寺游览，看见寺庙旁的兰溪，向
西流淌。

溪水漫上来，淹没了岸边的小草芽，
松林里黄沙铺就的小路，一尘不染。
眼看黄昏就降临，哗哗雨中子规啼。
春天多么美好！我仿佛回到少年时，
就像门口的流水，哗哗向西边流淌，
白发苍苍的我，不会感叹时光飞逝！

清澈的溪水、洁净的小路、鸣叫的杜鹃，让作
者仿佛回到青春年少时，唤起作者对人生的思
考：珍惜生命，豁达乐观。

清平乐 【宋】黄庭坚

题 解 作者惜春，抒写对美好事物的执着追求。

　　春归何处？寂寞无行路。若有人知春去处，唤取归来同住。
　　春无踪迹谁知？除非问取黄鹂。百啭无人能解，因风飞过蔷薇。

注 释 无行路：没有留下春去的行踪。唤取：呼唤，询问；取，语助词。啭：鸟婉转地鸣叫。解：懂得，理解。因风：借着风势。

百啭无人能解，因风飞过蔷薇 / 许文婧

新 读 追寻春的足迹，春天去了哪里？

独自走啊走，残花败柳无处觅！

我问路人，你可知道春天在哪里？

快告诉我，让她来到我们的大地！

路人笑答，我没见春天留下踪迹。

你问树上的黄鹂吧，它在春枝头，

一声声、一声声地叫，婉转悠扬。

黄鹂却不理睬我，嗖地飞过蔷薇。

作者把春天拟人化，寻找、呼唤，表达自己对春天消逝的惋惜和无奈。词作用疑问句增强探寻意味，并用黄鹂飞过蔷薇的景象，表现春去不归的惆怅。

卜算子·送鲍浩然之浙东

【宋】王观

题 解　词人送别朋友，抒写离情别绪。

　　　水是眼波横，山是眉峰聚。欲问
行人去那边？眉眼盈盈处。
　　　才始送春归，又送君归去。若到
江南赶上春，千万和春住。

注 释　卜算子：词牌名。欲：想要。行人：指朋友
鲍浩然。盈盈：仪态美好的样子。才始：方才。

水是眼波横，山是眉峰聚 / 冯煜

新 读 眼前的水，像谁的眼睛，波光在闪耀？

远处的山，像谁的眉毛，蜿蜒在水上？

朋友你要去何处？水和山交会的地方！

花红柳绿，春天将过去，又与你分别。

若到江南，追上时光，快把春天留住！

作者把烟雨迷茫的山水比作眉眼，也让山水有了人一般的形象。在这样"眉眼盈盈"的情境中，词人既表达了对友人的美好祝愿，又抒发了乐观豁达的人生态度。

点绛唇　【宋】李清照

题 解　作者刻画女孩活泼又矛盾的内心，真实而生动。

　　蹴罢秋千，起来慵整纤纤手。露浓花瘦，薄汗轻衣透。
　　见客入来，袜刬金钗溜。和羞走。倚门回首，却把青梅嗅。

注 释　蹴：读 cù，踩、踏，此处指打秋千。慵：懒散的样子。纤纤手：细长的手指。袜刬：只穿着袜子着地；刬，读 chǎn。溜：指头发松散，金钗下滑坠地。

蹴罢秋千，起来慵整纤纤手 / 杨鹭涵

新 读 轻轻跳下秋千架，累得手都不想抬，
花叶露水重，一身热汗把衣衫湿透。
迎面客人来，不顾穿鞋就躲开，金钗滑落，
脸红心跳，跑到门里又回头，闻到梅子香。

———————————————————————————————

作者捕捉少女的动作——浑身汗湿，见到客人
惊慌躲避，但又回头嗅着青梅。静中见动，一
个活泼又害羞的少女形象跃然纸上。词作风格
明快，节奏轻松，细腻生动地为读者展现生活
画面。

如梦令 【宋】李清照

题 解 作者回忆溪亭游玩、尽兴而返的美好时光，写词怀念。

　　常记溪亭日暮，沉醉不知归路。兴尽晚回舟，误入藕花深处。争渡，争渡，惊起一滩鸥鹭。

注 释 如梦令：词牌名。常记：时常记起。溪亭：溪边的亭子。争渡：奋力把船划出去。鸥鹭：泛指水鸟。

常记溪亭日暮，沉醉不知归路 / 刘洲浩

新 读 记得那天，太阳已下山，
　　　　我还在湖光山色中陶醉。
　　　　暮色中我摇船返回，
　　　　却闯进一大片荷花丛中。
　　　　怎么过去啊，怎么过去啊？
　　　　忙乱的桨声，让水鸟呼啦啦飞起。

作者从游玩返回写起，抒发面对湖光山色的恋
恋不舍之情。在荷花丛中迷路，船桨摇曳，水
鸟飞起……一幕幕自然和谐的情境，给予读者
美的享受。

清平乐·村居 【宋】辛弃疾

题解 作者闲居和平安宁的乡间，用白描手法描绘生活画面。

> 茅檐低小，溪上青青草。醉里吴音相媚好，白发谁家翁媪？
>
> 大儿锄豆溪东，中儿正织鸡笼。最喜小儿亡赖，溪头卧剥莲蓬。

注释 清平乐：词牌名。吴音：作者当时闲居带湖（今属江西），此地古代属吴地，所以称当地的方言为"吴音"。相媚好：指相互逗趣、取乐。翁媪：老翁和老妇；媪，读ǎo。锄豆：锄豆地的草。织：编。亡赖：同"无赖"，这里指小孩顽皮、淘气。

最喜小儿亡赖，溪头卧剥莲蓬 / 肖茗茗

新 读 茅草屋低低的檐，小河边青青的草。

醉意蒙眬中，听见乡音在说笑。

这是哪家的爷爷和奶奶啊？

大儿子小河边锄草；二儿子门前编鸡笼；

你看小弟弟，无忧无虑，

躺在溪边石头上，剥莲蓬！

———————————————————————————————————

宁静的乡村，茅屋里老人的乡音，儿子们各自
忙着农活……作者惟妙惟肖地描画清新秀丽的
环境和有浓厚生活气息的田园风光，最后突出
刻画小儿子的形象——趴在溪边石头上剥莲蓬，
富有童趣。

鹧鸪天 【宋】辛弃疾

题解 作者闲居乡村，写词表达自己面对春天景色的欣喜之情。

陌上柔桑破嫩芽，东邻蚕种已生些。平岗细草鸣黄犊，斜日寒林点暮鸦。

山远近，路横斜，青旗沽酒有人家。城中桃李愁风雨，春在溪头荠菜花。

注释 鹧鸪天：词牌名。陌上：田野。些：句末语助词。平岗：平坦的小山坡。青旗：卖酒的招牌。荠菜：一种野菜，开白色的小花。

春在溪头荠菜花 / 马若愚

新 读　田间桑树，枝条刚缀上嫩绿的芽。

左邻右舍，纸上蚕种已孵出小蚕。

小山岗被细草染绿，黄牛哞哞叫。

夕阳落进老树林，乌鸦呱呱喧闹。

暮色里，山影重重，小路也蜿蜒，

青色旗帜飘扬，酒香不怕黄昏到。

城里春已去，伤感风雨摧谢桃李。

小溪流水荠菜花，乡间春色正好。

作者描画了一幅乡村田园风景图，表达面对乡村春天的喜悦。作者深入情境，用富有动感的语言展现生机勃勃的画面。

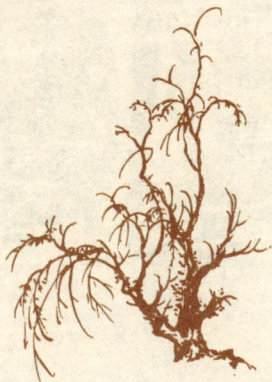

西江月·夜行黄沙道中

【宋】辛弃疾

题 解 作者看到黄沙道的夜景，表达丰收之年的喜悦。

> 明月别枝惊鹊，清风半夜鸣蝉。
> 稻花香里说丰年，听取蛙声一片。
> 七八个星天外，两三点雨山前。
> 旧时茅店社林边，路转溪桥忽见。

注 释 西江月：词牌名。黄沙道：南宋时一条直通上饶古城的繁华官道。别枝：横斜的树枝。旧时：往日。茅店：用茅草盖的旅舍。社林：社庙丛林，土地庙附近的树林。

明月别枝惊鹊 / 彭语婧

新 读　月亮挂上树梢，不会惊动沉睡的鹊鸟。

可是山谷凉爽的风，却给我送来蝉鸣。

迎面稻花香，摇着蒲扇夸耀自家丰收。

我徐步向前，听到的却是蛙声响连天。

远山朦胧，映衬漫天稀稀拉拉的星星。

蜿蜒田埂上，骤雨急来，树叶淅沥响。

快呀，快到小树林的土地庙去躲躲雨，

跑过溪边的小桥，终于远远地看见了！

豪放派词人辛弃疾的这首词描写了黄沙岭的秋天夜景，风格却不同于他的其他作品，十分自然清新。明月清风，疏星稀雨，鹊惊蝉鸣，稻香蛙声，情景交融，优美生动。

墨 梅 【元】王冕

题 解 诗人在会稽九里山买地造屋，自号梅花屋主，此诗就作于梅花屋内。

> 我家洗砚池头树，
> 朵朵花开淡墨痕。
> 不要人夸好颜色，
> 只留清气满乾坤。

注 释 墨梅：淡墨色的梅花。我家：诗人以书法家王羲之自比。洗砚池：写字、画画后洗笔洗砚的池子。清气：梅花的清香。乾坤：天地间。

只留清气满乾坤 / 杨若嫣

新 读 我家洗砚池边，伫立着一株梅花树，
仿佛染上墨迹，点点淡墨迎风绽开。
不与红梅比耀眼，不和白梅较雅俗，
只把自己独有的芬芳，留在天地间。

这首诗虽然直白、简单，但构思精巧，淡中有味，
情感真挚。诗人借梅自喻，用具体的梅花表达
自己不向世俗献媚的人生态度。

饥鼠行　【明】龚诩

题　解　诗人写诗刻画老鼠夜间猖獗的情景，针砭时弊。

灯火乍熄初入更，饥鼠出穴啾啾鸣。
啮书翻盆复倒瓮，使我频惊不成梦。
狸奴徒尔夸衔蝉，但知饱食终夜眠。
痴儿计拙真可笑，布被蒙头学猫叫。

注　释　乍：刚刚。穴：洞窟。啮：啃咬。频：多次。
狸奴：猫的别称。徒尔：白白地。衔：用嘴咬住。
但知：只知道。痴儿：这里指懵懂的小孩。

布被蒙头学猫叫 / 卿玉权

新 读　像群饿鬼，天一黑灯一灭，
就吱吱吱吱地满屋子乱窜。
嚓嚓啃我书，砰砰踩翻盆，
我刚刚睡着，就把我吵醒。
猫呢？白天顽皮上树抓蝉，
现在吃饱了，整晚呼呼睡。
儿子懵懂，蜷缩在被窝里，
一声声学着猫叫：喵喵喵……

老鼠乱窜，啃噬书籍、踩翻盆子、把熟睡的人
吵醒，而猫却在睡觉……最后的小儿学猫叫如
画龙点睛一般，增加了诗的趣味和寓意。诗歌
诙谐幽默，让人身临其境。

春暮西园 【明】高启

题 解 诗人在暮春情境中表达对生命的感悟。

绿池芳草满晴波，
春色都从雨里过。
知是人家花落尽，
菜畦今日蝶来多。

注 释 晴波：阳光下的水波。菜畦：菜地。

春色都从雨里过 / 程思语

新 读 西园里绿池塘水盈盈，路边芳草萋萋，
春天仿佛从湿漉漉的春雨里款款走来。
暮春时节，虽然你家的花快要落尽了，
但在我家菜畦里，今天的蝴蝶格外多。

———————————————————————————————— ■

诗人描绘西园的春天，抓住芳草晴波、田间雨景、
人家落花、菜畦蝴蝶等景象，把它们组合成充
满诗意的画面。情景交融中体现了诗人对生命
和自然的热爱。

幼女词 【明】郑嘉

题 解 诗人看到小女孩的娇憨情态，写诗刻画其生
动形象。

下床着新衣，
初学小姑拜。
低头羞见人，
双手结裙带。

注 释 小姑：新娘。结：扎缚、抚弄的意思。

低头羞见人，双手结裙带 / 邓钧澜

新 读 一起床，就对着镜子换新衣，
急着要去模仿新娘拜天地。
可一见到人，就羞红脸、低下头，
藕节般的小手，扭着裙带，绕来拨去。

诗人把笔力集中在描绘人物的一系列动作上，
语句虽简短直白，小女孩鲜活的形象却惟妙惟
肖。通过细节展现小女孩的天真无邪，富有生
活情趣。

石灰吟 【明】于谦

题 解 诗人借物喻人，托物言志，表达自己不怕艰险、
为人正直的崇高志向。

千锤万凿出深山，
烈火焚烧若等闲。
粉骨碎身浑不怕，
要留清白在人间。

注 释 等闲：平常，轻松。浑：全，全然。清白：比
喻高尚的节操。

粉骨碎身浑不怕 / 王尧坤

新 读　本是普通的石头，千锤万凿我走出深山，
纵身跳进熊熊烈火，任由烈火把我冶炼。
就像浴火的凤凰，变成灰烬才获得新生，
把我浩然正气，留在人间，满世界张扬！

《石灰吟》读起来铿锵有力，诗人把石灰的制
作过程拟人化，借石灰表达自己的志向，直白
的宣言振聋发聩。新读情感浓烈，画面鲜明。

画 鸡 【明】唐寅

题 解 诗人是画家，在自己的画作《公鸡图》上题写
了这首诗。

> 头上红冠不用裁，
> 满身雪白走将来。
> 平生不敢轻言语，
> 一叫千门万户开。

注 释 裁：裁剪。将：助词。平生：平常。千门万户：
指千家万户，人家众多。

一叫千门万户开 / 赵梓芊

新 读 头上顶冠冕，红艳艳地戴得恰恰好，

像一朵白云，草丛里钻，树林中跑。

可在我的画笔下，你不轻言一句话，

只要你一开口，就唤来黎明太阳出。

诗人直接描绘公鸡的威武形象和高贵气质，表达对公鸡的赞美，也借公鸡清晨报晓的特性，抒发自己渴望成为先驱者的伟大志向。

开先寺（其三） 【明】李梦阳

题 解 诗人去庐山开先寺游玩，写了这首吟咏庐山
瀑布的诗。

瀑布半天上，
飞响落人间。
莫言此潭小，
摇动匡庐山。

注 释 开先寺：在庐山南麓，寺旁有东西两条瀑布，
汇合后向下奔泻，形成深潭。匡庐山：指庐山，
又名匡山、匡庐。

瀑布半天上，飞响落人间 / 王畦蒲

新 读 白云飘在山崖间，瀑布从天而降，

好似雷霆轰响，还如电闪般耀眼。

一道银亮，粉身碎骨，汇成深潭，

一路轰隆呼啸，摇撼巍巍匡庐山！

这首写庐山瀑布的诗简洁生动，气势逼人，仅
仅用了二十个字，就把瀑布的声威和情态刻画
得生动形象、气势恢宏，让人仿佛身临其境。

早 春 【明】杨慎

题 解 面对早春时节的水光天色，诗人有感而发，表
达对大自然的喜爱之情。

> 江暖波光映日光，
> 几家同住水云乡。
> 槿篱茅舍繁花里，
> 也有秋千出短墙。

注 释 波光：水波反射的亮光。水云：水天相映。槿
篱：木槿做的篱笆。

几家同住水云乡 / 陈方知

新 读 太阳照耀水面，水面波光粼粼，
岸边几户人家，像是飘浮在天空。
用木槿作篱笆，房屋掩映在花香中，
我看见荡秋千的孩子，飞出了矮墙。

诗人描绘水乡早春的风光，准确把握事物特点，
描绘村庄被花篱簇拥的安静画面，最后由静到
动，用飞出矮墙的秋千画龙点睛。

夏水谣临安作 　【明】杨慎

题　解　诗人借用谚语，描绘夏天洪水泛滥的情景。

阶檐下，雨戴帽。
龙女嫁，天公笑。
日反烧，水淹蛙。
岩洞青鳌上树叫。

注　释　夏水：夏天的洪水。临安：地名，在今浙江杭州西部。雨戴帽：出自谚语"有雨山戴帽，无雨半山腰"。天公：对天和自然界的拟人说法。日反烧：太阳反照。

阶檐下，雨戴帽／黄云朵

新 读 站在屋檐下的石阶上，

看见远处的山，又被雾气笼罩！

我知道，龙女要被天公嫁走了，

风雨交加，雷电滚滚，热闹非凡！

太阳反照，雷雨天气又会降临，

滔滔大水，将会冲走呱呱叫着的青蛙，

藏在岩洞里的老乌龟，

也趴在洪水中的树梢上，嗷嗷求救！

《夏水谣临安作》以三字句为主要表达形式，把谚语和神话结合起来，刻画夏天雷雨、洪水暴涨的情景，给人急促直接的感觉。读着这样奇幻的语句，仿佛能看见远处的山谷被雾气笼罩，联想到农家谚语中的情景。

代古日出行 【明】杨慎

题 解 诗人借用古诗题目《日出行》作诗，歌颂自然的伟大。

晨登石峦望，浮云何相羊。

飘风自东来，若木回其光。

景曜薄万里，下界犹苍凉。

曾崖自郁郁，芳茝含春霜。

草虫一何微，感物鸣其傍。

天池有黄鹄，一举知圜方。

注 释 石峦：山峦。何：何其，多么。相：相像。若木：古代神话中的树名。回其光：混合各种光彩。曜：阳光。薄：磅礴，气势盛大，充满。下界：人间。郁郁：草木茂盛的样子。芳茝：一种香草；茝，读 chǎi。天池：天上仙界之池。黄鹄：神话中仙人乘坐的大鸟。圜方：代指天地。

晨登石峦望，浮云何相羊／周妙竹

新读 清晨，登上山顶岩石眺望，

眼前飘浮的云朵，像一群白羊。

它们随风从东边飘来，

混合着仙境之树的光芒。

七彩照耀，喷薄万里，

回头看大地，仍然满目苍凉。

莽莽群山树木茂盛，

遍地香草覆满春天的薄霜。

草丛里，虫子多么卑微，

却仍然在尽情地鸣唱。

天上仙界的池子里飞出神鸟，

一展开翅膀，就把整个世界覆盖了！

诗人登高看日出，不仅刻画眼前情景，还把神话传说融入诗歌，描绘了一幅浑厚、辉煌的日出山河图，传达出震撼人心的力量。

塞下曲 【明】谢榛

题 解 明朝边疆地区经常受到外族侵扰，诗人描绘
战争场景。

瞑色满西山，
将军猎骑还。
隔河见烽火，
骄虏夜临关。

注 释 瞑色：暮色。烽火：边塞报警的烟火。骄虏：
强悍的敌人。

瞑色满西山，将军猎骑还 / 高嘉瑞

新 读 暮色悄然笼罩西边的山峦，
打猎的将军骑马满载而归。
大河对面的烽火突然蹿起，
一股强敌趁夜色奔袭而来！

诗人没有直接描绘将士们如何迎战，却通过渲
染敌人夜袭的紧张气氛，侧面反映将士的英勇。
短短几句勾勒，体现了诗歌的含蓄和精练。

大堤女 【明】袁宏道

题 解 诗人营造情境，刻画刺绣少女的形象。

文窗斜对木香篱，
胡粉薄施细作眉。
贪向墙头看车马，
不知裙着刺花儿。

注 释 文窗：刻镂华美的窗户。粉：脂粉。施：使用，往脸上抹。裙着：裙衫。刺花儿：绣花。

贪向墙头看车马 / 胡煊菱

新 读 雕花木窗斜对面，一排木香草做你的篱笆。

在窗口梳妆，扑上浅浅脂粉，细细画眉毛。

倚窗看什么？来来往往的车马，就让你入神？

风中的树在提醒，怎么忘记给裙子绣花？

诗人用细致的描写表现女孩的好奇、活泼、纯真，
新读结尾的画龙点睛之笔"忘记给裙子绣花"，
增添了趣味性。画面鲜明，形象生动，使诗歌
充满独特的魅力。

夜 泉 【明】袁中道

题 解 诗人到玉泉山游玩，写诗描绘月夜的明净风光。

山白鸟忽鸣，
石冷霜欲结。
流泉得月光，
化为一溪雪。

注 释 白：形容在月光下呈现的明亮色调。结：凝结。

流泉得月光，化为一溪雪 / 姚瑶

新 读 山谷在月下皎洁，鸟儿突然鸣叫，
冰凉的石头，像是要被霜覆盖了。
月亮落在小溪上，流淌一片月光，
像是一片片飞雪，飘舞在浪尖上。

夜晚的山中流泉被月亮映照，银光闪烁，给人
含蓄、幽静的感觉。诗人以景造境，以境托
声，将自己向往宁静的感情蕴藏在闲适恬淡的
画面中。

三洲歌　【明】陈子龙

题　解　诗人在巴陵渡口送别友人，表达惜别之情。

相送巴陵口，
含泪上舟行。
不知三江水，
何事亦分流？

注　释　三洲歌：乐府歌名，流行在巴陵地区。巴陵：
今湖南岳阳，位于长江南岸。三江：指长江、
湘水、沅水。

不知三江水，何事亦分流 / 李林峻

新 读 我送你送到巴陵岸边，

你含着泪，独自登上远行的船。

本该同心奔流向大海，

三江水啊三江水，为何分流滚滚去？

———————————————————————————— ■

诗人送别朋友，眼前的景象恰好激发了诗人的
内心情感——三江分流意味着与朋友也将如这
江水一般各奔东西。诗歌寓情于景，简洁明了。

别云间 【明】夏完淳

题 解 诗人十四岁参加起义，十六岁被捕入狱，这首诗为他狱中所作。

三年羁旅客，今日又南冠。

无限山河泪，谁言天地宽。

已知泉路近，欲别故乡难。

毅魄归来日，灵旗空际看。

注 释 云间：地名，松江的古称，诗人的家乡。羁旅：生活漂泊不定。南冠：指被囚禁的人。泉路：地下，指阴间。毅魄：英魂。灵旗：战旗。

无限山河泪，谁言天地宽 / 朱芷瞳

新读 一千多个日夜，我出生入死在战场，

今天却成了囚徒，被囚禁在这牢房。

无边无际的江山，用我的血泪浸泡，

我坦坦荡荡的心中，仍然地厚天高。

我就要走向刑场，凝视最后的太阳，

将辞别故乡的月亮，我也哭断肝肠。

别了，别了！等我刚毅的魂魄归来，

我会看到，举旗的队伍，浩浩荡荡！

明末抗清少年英雄夏完淳的这首诗，抒发了一个少年的爱国热情和英雄气节，读来意境悲壮，荡气回肠。

宿野庙 【清】金圣叹

题 解 诗人借宿深山寺庙，写诗记录一次特别的夜
雨情境。

众响渐已寂，
虫于佛面飞。
半窗关夜雨，
四壁挂僧衣。

注 释 响：声音。于：在。

半窗关夜雨，四壁挂僧衣 / 谭馨雨

新 读 千山万壑，所有喧响都已寂静，
蚊虫扑佛面，佛殿上下嗡嗡飞。
一场暴雨哗然至，我忙关窗户，
烛光亮四壁，挂满僧人的衣服，

———————————————————————————————

诗人记录住进山野寺庙、深夜遇雨的所见所感——寂静的佛殿、飞舞的蚊虫、深夜的佛像及挂满四壁的僧人衣服。诗歌语言简洁，画面生动，让读者仿佛进入了一个充满禅意的清寂世界。

早 行 【清】李渔

题 解 冬天的早晨，羁旅中的诗人描绘出行情景。

鸡鸣自起束行装，
同伴征人笑我忙。
却更有人忙过我，
蹇蹄先印石桥霜。

注 释 束：收束，收拾。蹇：读 jiǎn，泛指驴马。

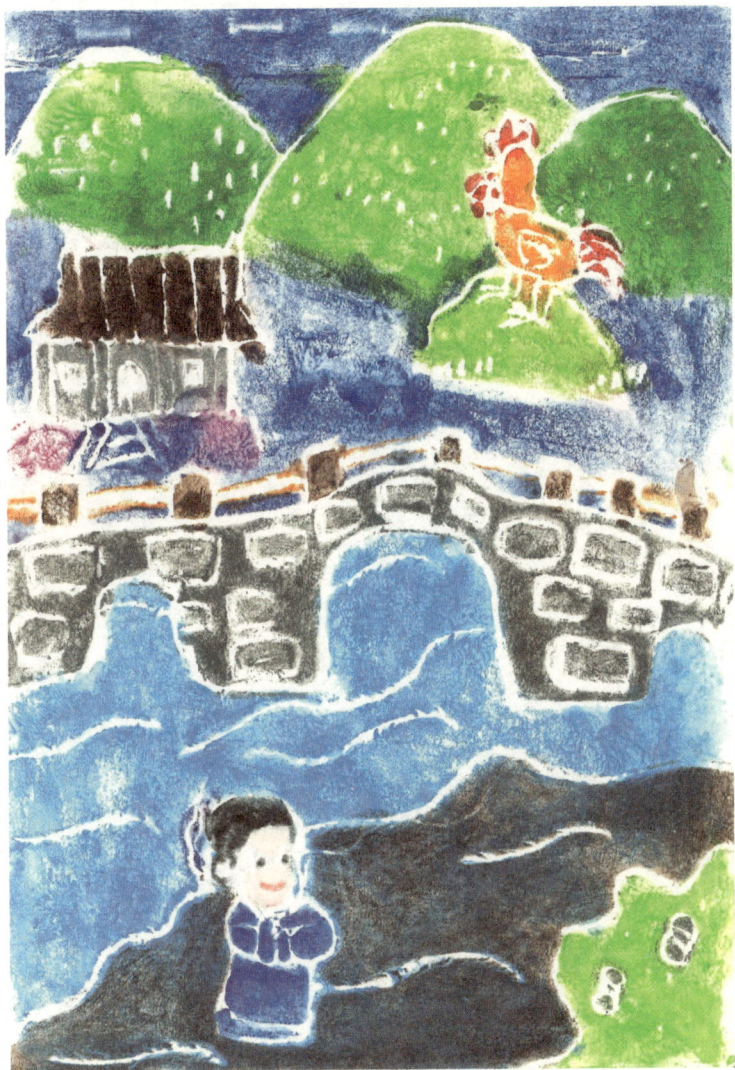

黄鹂飞过红蔷薇 / 辛梦婉

新 读 第一声公鸡喔喔叫，催我快快启程，

同行伙伴还在梦呓中，笑我太心急。

门外更有早行人，步履匆匆嗒嗒响，

他们的马，在凝霜的石桥上留脚印。

诗人在夜色迷蒙中听到公鸡鸣叫、同伴梦呓、
屋外早行人的声响，想象结霜的桥面上印满马
蹄。画面鲜明生动，让人感觉无比真切。

绝 句 【清】吴嘉纪

题 解 诗人被盐工的艰苦劳作环境震撼，写诗表达
对他们的同情。

> 白头灶户低草房，
> 六月煎盐烈火旁。
> 走出门前炎日里，
> 偷闲一刻是乘凉。

注 释 灶户：旧时称熬盐为业的人家为灶户。煎盐：
熬盐。

偷闲一刻是乘凉 / 郑立洋

新 读 老盐工白发苍苍，在低矮的草棚忙碌，
熬盐灶火熊熊燃，灼烤他赤红的皱纹。
他多想走到门外去，站在炎炎烈日里，
哪怕喘息片刻，也像在树荫下面乘凉。

诗人刻画盐工形象，烘托艰苦环境——盐工长
时间受烈火炙烤，甚至觉得到炎炎烈日下，也
是一种乘凉的享受了。诗歌反映劳动人民之苦，
笔法质朴，感情强烈。

鸳鸯湖棹歌（其十） 【清】朱彝尊

题　解　诗人描绘南湖风光，展现生机勃勃的乡村
风情。

穆湖莲叶小于钱，
卧柳虽多不碍船。
两岸新苗才过雨，
夕阳沟水响溪田。

注　释　鸳鸯湖：又叫南湖，在浙江嘉兴。

两岸新苗才过雨 / 李林杰

新 读　南湖烟波渺渺，点点荷叶出水面。

　　　　湖岸柳条拂船篷，远看一抹淡烟。

　　　　晨起细雨刚过，水珠闪闪缀叶尖。

　　　　夕阳落水渠，晚霞潺潺淌进秧田。

　　诗人把一路听到的、看到的、想到的真实地呈
现出来。前面三句描绘美景、抒发感受，最后
一句把夕阳的色彩、溪水的声响融合在一起，
有声有色，令人陶醉。

舟夜书所见 【清】查慎行

题 解 诗人在船上过夜，随手描绘所见景象。

月黑见渔灯，
孤光一点萤。
微微风簇浪，
散作满河星。

注 释 孤光：孤独的灯光。簇：堆起。

微微风簇浪，散作满河星 / 杨俊宇

新读 夜色茫茫，水面哪里有月亮？

渔船上一盏灯，在远处摇曳。

微风吹过，泛起一簇簇浪花，

那一点灯影，变成闪烁的星星！

诗人在夜色中看得真切，也把眼里所见真实地描绘出来。由静而动、由一化多的画面，富有诗意。

竹 石 【清】郑燮

题 解 这首诗是诗人多幅《竹石图》的题诗。

> 咬定青山不放松，
> 立根原在破岩中。
> 千磨万击还坚劲，
> 任尔东西南北风。

注 释 竹石：扎根于石缝中的竹子。破岩：岩石的缝隙。坚劲：坚强有力。尔：你。

千磨万击还坚劲 / 金舟晴

新 读 狂风刮你不倒，猛雨淋你不倒，

你把所有的根，深深扎进石缝。

石因你而巍峨，你因石而挺拔，

无论风从哪里来，吹得有多猛烈……

这首诗语言易懂，意义却深刻宏远。诗人用青山、风雨、石烘托竹的挺拔形象，也表达了自己渴望"坚劲"的崇高理想。新读回归画家的感受，以内心独白的方式抒发激情。

山 行 【清】姚范

题 解 诗人写诗记录一次山中行走的美好感受。

> 百道飞泉喷雨珠，
> 春风窈窕绿蘼芜。
> 山田水满秧针出，
> 一路斜阳听鹧鸪。

注 释 蘼芜：读 mí wú，一种香草。鹧鸪：一种鸟，古人常借其声表达送别之情。

一路斜阳听鹧鸪 / 薛懿宁

新 读 山间泉水像顽童，喷珠溅玉，满山乱蹦。

迎面的风，吹动山间嫩蘼芜，满天芬芳。

一弯水田亮汪汪，被谁插上一排排秧苗。

一路走去，夕阳西沉，鹧鸪声声响耳旁。

诗人使用"喷""绿""满""听"四个表示动态的词语，让诗的画面鲜活，有声有色，也让人看到一幅清新活泼、生机盎然的山村风景图。

春日信笔 【清】陈长生

题 解 诗人即兴之作，抒写春天雨后的喜悦心情。

软红无数欲成泥，
庭草催春绿渐齐。
窗外忽闻鹦鹉说，
风筝吹落画檐西。

注 释 软红：落在地上被雨水浸湿的花瓣。画檐：雕
画的房檐。

风筝吹落画檐西 / 王天灏

新读 桃花飘落满地，渐渐融进泥土，
庭院里的草丛，渐渐长成矮墙。
忽听窗外鹦鹉叫：主人快看，主人快看——
谁的风筝飞得高，坠落西边房檐上！

诗人写春天，描绘桃花落地、绿草快速长高的
情景，又让一只鹦鹉发现风筝坠落房檐，新奇
有趣，出人意料。

所 见 【清】袁枚

题 解 诗人辞官后侨居江宁，写诗抒发对田园风光
的喜爱之情。

牧童骑黄牛，
歌声振林樾。
意欲捕鸣蝉，
忽然闭口立。

注 释 振：振动，回荡。林樾：指道旁成荫的树林。
意欲：想要。

意欲捕鸣蝉，忽然闭口立 / 邹悦妍

新 读 放牛的孩子喜欢骑在牛背上，

在树林里唱山歌，歌声飞上云天。

突然拉住牛儿停下来，用手掩住嘴，

盯着树梢看啊看，树上知了叫得欢。

诗人描绘牧童骑在牛背上停止唱歌、想要捕捉
正在鸣叫的知了的场景，简洁而生动地展现了
牧童的悠闲自在，鲜活的画面充满童趣和诗意。

苔 【清】袁枚

题解 诗人咏物言志，赞美苔藓顽强的生命力。

白日不到处，
青春恰自来。
苔花如米小，
也学牡丹开。

注释 白日：太阳。青春：草木青葱的季节，指春天。

白日不到处，青春恰自来／甘可馨

新 读　太阳照不到的墙角落、石头缝，

春天一到，就被你们悄悄染绿。

绽开的洁白小花，比米粒还小，

即使微不足道，也像牡丹怒放！

诗人把微小事物突出和放大，在画面中融入自己的情感。诗人赞美苔藓惊人的生命力，也寄寓自己的人生志趣和追求。"苔花如米小，也学牡丹开"，富有哲理，给人启迪。

偶作五绝句 【清】袁枚

题 解 诗人偶然看见梅花开了，即兴写诗表达对春
天的喜爱。

偶寻半开梅，
闲倚一竿竹。
儿童不知春，
问草何故绿。

注 释 偶：偶然。何故：为什么。

儿童不知春，问草何故绿 / 郑雅丹

新 读 漫步时，忽然看见一株梅，
含苞欲放的花蕾，斜倚一丛绿竹。
春风吹来，田野小草青青，蝴蝶飞，
小孩问，谁给大地一件新衣服？

这是诗人在寻找春天的漫步中，心有所动，随手写出的诗，真实自然，感受细腻。画面生动鲜明，通过儿童的纯真表现出诗人对春天的喜爱。

登吴山望江 　【清】郭麐

题 解　诗人触景生情，描绘眼前情景，表达对大自然的热爱。

飞鸟欲何去，
翼然乘远风。
夕阳方在半，
忽堕乱流中。

注 释　欲：想要。翼：帮助，辅助。方：始，才。

夕阳方在半，忽堕乱流中 / 林煊茹

新读 云中盘旋的鸟啊，想要飞到哪里去？

在高高的天空中，风可是你的翅膀？

夕阳通红，刚刚还高高挂在天空中，

怎么忽然就坠落，染红汹涌一条江？

诗人没有直接描写大江的模样，而是抒写自己
的感受——想乘风远去。感情真挚，引人深思。
诗歌简洁生动，具有很强的感染力。

劝 农 【清】曹龙树

题解 诗人刻画小女孩的活泼形象，生动有趣。

鸦鬟小女学当家，
阿母教同坐绩麻。
触目新红春似海，
抽身偷戴满头花。

注释 鸦鬟：头顶两边的环形发髻。绩麻：把麻搓成线绳。触目：眼睛看到。抽身：脱身。

抽身偷戴满头花 / 胡天淇

新 读 梳好发髻，妈妈说："你已经长大了，
快去坐在织机前，我教你学织麻。"
一回头就见园里一片五颜六色的花，
我想偷偷跑出去，摘下几朵，插满发髻。

诗人捕捉有趣味的瞬间，一个可爱的女孩形象
跃然纸上。新读呈现画面，渲染人物情绪，具
体刻画女孩眼里所见，形象真实生动。

己亥杂诗（其一二五） 【清】龚自珍

题解 诗人路遇迎神赛会，写了这首祭神诗。

> 九州生气恃风雷，
> 万马齐喑究可哀。
> 我劝天公重抖擞，
> 不拘一格降人材。

注释 生气：指朝气蓬勃的局面。万马齐喑：比喻人
们沉默不语，不敢发表意见。抖擞：振作，奋发。

万马齐喑究可哀 / 赵刘蕊

新 读 让雷滚过大地，让风卷过大地，

让大地充满生机！

让江河奔流，万马奔腾，

不要这么喑哑死气沉沉！

上天啊，我奉劝你，

振作你的精神，扬起你的神威，

摧枯拉朽，破除陈规，

让天下英才施展自己身手！

诗人应道士之请写诗祭神，他结合自己对政治时局的深刻感受，有感而发。新读刚健有力，直抒胸臆，气势磅礴。

村 居 【清】高鼎

题 解 诗人晚年归隐乡村，享受和平宁静的生活。

草长莺飞二月天，
拂堤杨柳醉春烟。
儿童散学归来早，
忙趁东风放纸鸢。

注 释 醉：陶醉。春烟：春天水泽、草木等蒸发出来的雾气。散学：放学。纸鸢：老鹰形状的风筝。

草长莺飞二月天 / 贾蕊绮

新 读 新雨后，细草在拔节，黄莺在翻飞。

堤外水面轻烟起，淡绿柳条拂蓝天。

学堂孩子放学了，一群野马堤上奔。

老鹰展翅飞上天，他们忙着放纸鸢。

诗人抓住富有春天特征的形象，将这些生动鲜活的画面组合起来，使诗歌富有生活气息。儿童的天真烂漫让人觉得轻松愉悦，也让作品富有感染力。

登大泽北峰 【清】任虞臣

题 解 诗人登山，有感而发，写诗表达感受。

青天人近树盘空，
盈耳山声不见风。
坐爱千峰争是画，
却忘身在画图中。

注 释 大泽：大泽山，在山东平度北部。树盘空：树
的枝干盘曲交错的样子。盈：充满。坐：因为。
争：怎么。

却忘身在画图中 / 周玥

新 读 一路曲折向上，古树盘曲，天空越来越近，
充满山谷的轰鸣像风呼吼，云却不见飘动。
目不暇接，只顾欣赏千山万岭天然的美景，
怎么突然忘记了，我自己也置身于画面中！

人在路上走，画在眼中变，这首诗就是诗人登
山时边走边看的真实呈现。后两句抒情，用词
生动，富有想象力，意味隽永，耐人咀嚼。

渔 父 【清】纳兰性德

题 解 作者描画傍晚情景，有声有色，宁静美丽。

收却纶竿落照红，秋风宁为剪芙蓉。
人淡淡，水濛濛，吹入芦花短笛中。

注 释 渔父：词牌名。纶竿：钓竿。落照：夕阳。宁：
还，尚且。剪：吹动。人淡淡：形容心态闲适，
与世无争。

吹入芦花短笛中 / 梁越泽

新 读 夕阳落到河中，急忙收钓竿。

秋风还在吹，荷花还在摇动。

薄薄暮霭，水雾蒙蒙人恬淡。

短笛吹起秋色，芦苇花正开。

作者写渔父形象，只写了渔父收鱼竿的动作，之后描画秋风、芙蓉、水雾、芦花和短笛组合成的场景，却让我们感受到渔父超脱尘世、向往隐逸的心境。

长相思 【清】纳兰性德

题 解 作者随军出山海关，一路跋山涉水，把思乡
之情凝聚在这首词中。

山一程，水一程，身向榆关那畔行。
夜深千帐灯。
风一更，雪一更，聒碎乡心梦不成。
故园无此声。

注 释 长相思：词牌名。程：路程。榆关：即山海关，
在今河北秦皇岛东北。那畔：另一边，指山海
关外。帐：军营的帐篷。更：旧时一夜分五更，
每更大约两小时。聒：声音嘈杂，这里指风雪
声。故园：故乡，这里指京城。此声：指风雪
交加的声音。

身向榆关那畔行 / 于淑婷

新 读 一路好艰辛，翻过山，涉过水；

一路急行军，一直越过山海关！

深夜驻扎在荒野，帐里星满天。

一路披星光，寒风吹，大雪飘，

一路戴月亮，故乡梦，难以圆！

梦见远处故乡里，灯火多温暖。

词人以白描手法勾勒行军路线，呈现行军情景，抒发自己对故园的怀念之情。作品清新刚健，纯真有力，引人遐想。词人把不同的时空组合在同一个画面中，浓缩出蒙太奇般的艺术效果。

《古诗新读》梦想园

古诗、新读、孩子的画

激发了你的梦想——

快提起笔来吧

写诗、画画

记下读后随感

或者给大诗人

小画家

写一封信……

那就在这里写吧

想怎么写

就怎么写

画也随心所欲

这里，就是你的

——梦想园